CAHIER DE COLORIAGE HYPNOTIQUE

VOL.1

-Pour les filles-

50 déclarations positives à colorier
pour travailler son estime et se relaxer

TESTE TES FEUTRES ET TES STYLOS ICI

PARTAGE TES COLORIAGES
SUR LES RESEAUX SOCIAUX
#COLORHYPNO

50 déclarations positives à colorier

◊ Je suis adorable
◊ Je suis attirante
◊ Je suis authentique
◊ Je suis belle
◊ Je suis boostée
◊ Je suis chaleureuse
◊ Je suis charmante
◊ Je suis chouette
◊ Je suis coquine
◊ Je suis courageuse
◊ Je suis craquante
◊ Je suis créative
◊ Je suis éclatante
◊ Je suis enthousiaste
◊ Je suis exceptionnelle
◊ Je suis extra
◊ Je suis fabuleuse
◊ Je suis fantastique
◊ Je suis fascinante
◊ Je suis formidable
◊ Je suis forte
◊ Je suis géniale
◊ Je suis incroyable
◊ Je suis intelligente
◊ Je suis irrésistible
◊ Je suis jolie
◊ Je suis joyeuse
◊ Je suis lumineuse
◊ Je suis magique
◊ Je suis magnifique
◊ Je suis majestueuse
◊ Je suis merveilleuse
◊ Je suis motivée
◊ Je suis optimiste
◊ Je suis parfaite
◊ Je suis positive
◊ Je suis ravissante
◊ Je suis rayonnante
◊ Je suis resplendissante
◊ Je suis rêveuse
◊ Je suis séduisante
◊ Je suis sensationnelle
◊ Je suis splendide
◊ Je suis superbe
◊ Je suis surprenante
◊ Je suis talentueuse
◊ Je suis une beauté
◊ Je suis une gagnante
◊ Je suis unique
◊ Je suis zen

Je suis belle

Je suis
formidable

Je suis forte

Je suis
lumineuse

Je suis
majestueuse

Je suis merveilleuse

Je suis
motivée

Je suis
optimiste

Je suis
resplendissante

Je suis
talentueux

Je suis une beauté